Impressum
Verlag: BABADADA GmbH, Nedderfeld 112 , 22529 Hamburg
Geschäftsführer / Verlagsleitung: Harald Hof
Druck: Books on Demand GmbH, In de Tarpen 42, 22848 Norderstedt

Imprint
Publisher: BABADADA GmbH, Nedderfeld 112 , 22529 Hamburg, Germany
Managing Director / Publishing direction: Harald Hof
Print: Books on Demand GmbH, In de Tarpen 42, 22848 Norderstedt, Germany

School

skole

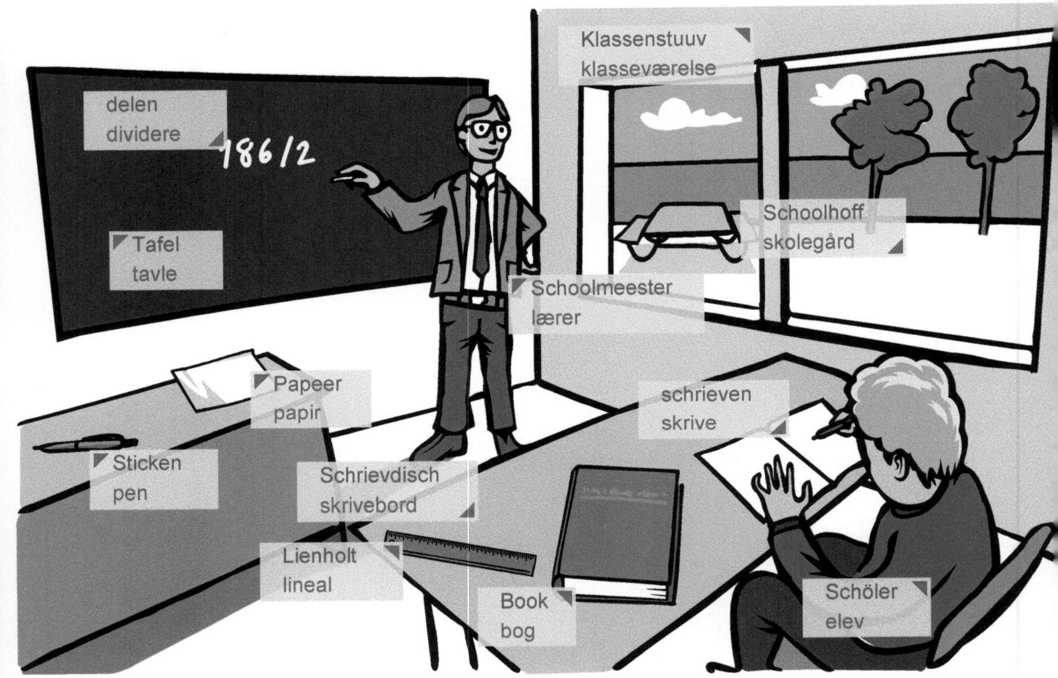

Klassenstuuv
klasseværelse
delen
dividere
186/2
Tafel
tavle
Schoolhoff
skolegård
Schoolmeester
lærer
Papeer
papir
schrieven
skrive
Sticken
pen
Schrievdisch
skrivebord
Lienholt
lineal
Book
bog
Schöler
elev

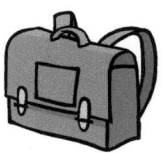

Ranzel
skoletaske

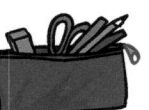

Feddermapp
penalhus

Bleesticken
blyant

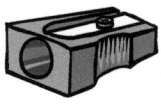

Scharpmaker
blyantspidser

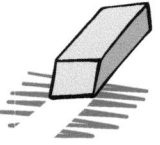

Radeergummi
viskelæder

Tekenblock
tegneblok

Teken
tegning

Pinsel
pensel

Malkassen
æske med vandfarver

Scheer
saks

Klever
lim

Heft to'n Öven
opgavehefte

Huusopgaav
lektie

Tall
tal

2+2

tohooptellen
addere

5-2

aftrecken
subtrahere

malnehmen
multiplicere

reken
regne

A

Bookstaav
bogstav

ABCDEFG
HIJKLMN
OPQRSTU
VWXYZ

ABC
alfabet

Woort
ord

Text
·················
tekst

lesen
·················
læse

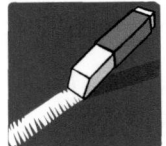

Kried
·················
kridt

Stunn
·················
time

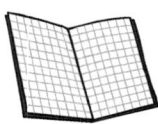

Klassenbook
·················
klasseprotokol

Pröven
·················
eksamen

Tüügnis
·················
karakterbog

Schooluniform
·················
skoleuniform

Utbillen
·················
uddannelse

Nakieksel
·················
leksikon

Universität
·················
universitet

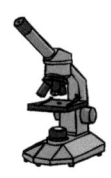

Mikroskop
·················
mikroskop

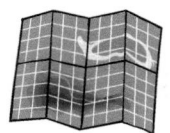

Koort
·················
kort

Papeerkorf
·················
papirkurv

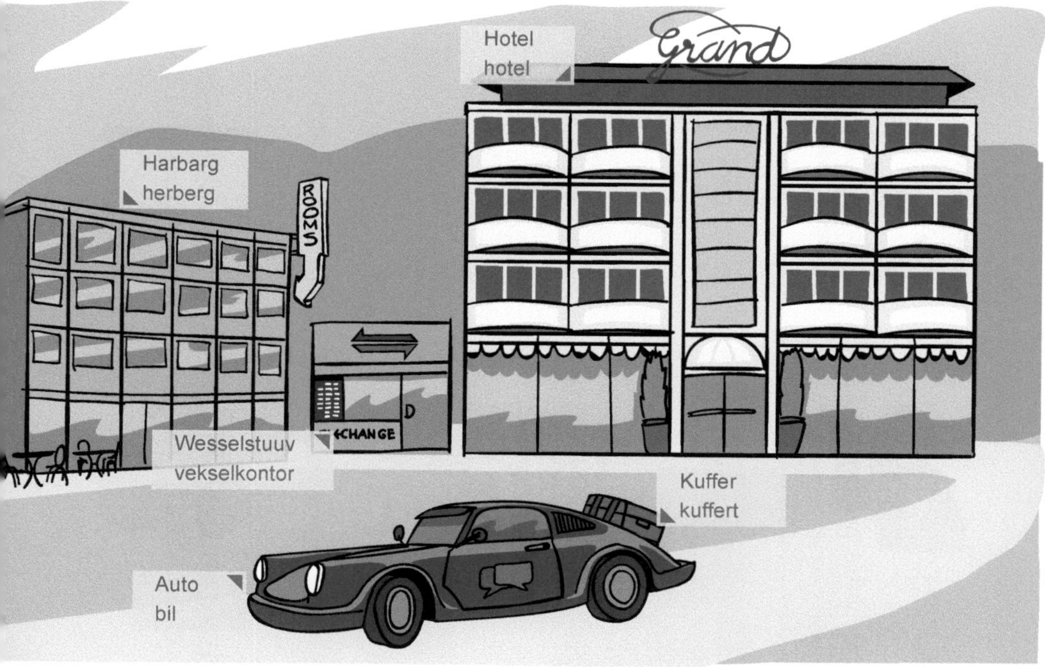

Hotel
hotel
Grand
Harbarg
herberg
ROOMS
Wesselstuuv
vekselkontor
EXCHANGE
Kuffer
kuffert
Auto
bil

Spraak
sprog

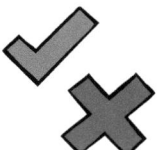

jo / ne
ja / nej

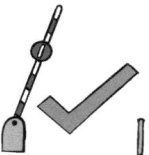

Jo
okay

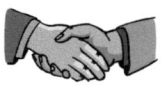

Moin
hej

Översetter
oversætter

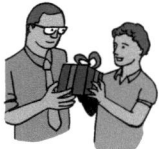

Dank ok
tak

Wat kost...?

hvad koster...?

Ik verstah nich

Jeg forstår ikke

Problem

problem

Goden Avend

God aften!

Moin!

God morgen!

Gode Nacht!

God nat!

Tschüüs

farvel

Richt

retning

Bagaasch

bagage

Tasch

taske

Rüchsack

rygsæk

Gast

gæst

Stuuv

værelse

Slaapsack

sovepose

Telt

telt

Touristeninformatschoon

turistinformation

Strand

strand

Kreditkoort

kreditkort

Fröhstück

morgenmad

Meddageten

middagsmad

Avendeten

aftensmad

Fohrkort

billet

Fohrstohl

elevator

Breefmark

frimærke

Grenz

grænse

Toll

told

Bottschop

ambassade

Visum

visum

Pass

pas

Transport
transport

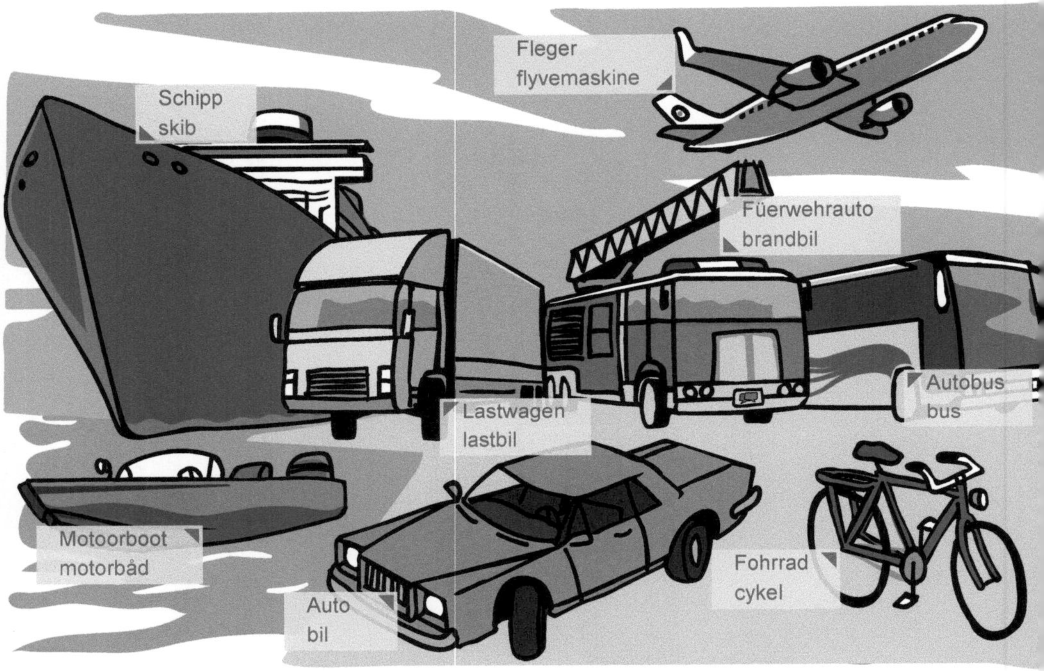

Fleger
flyvemaskine
Schipp
skib
Füerwehrauto
brandbil
Autobus
bus
Lastwagen
lastbil
Motoorboot
motorbåd
Fohrrad
cykel
Auto
bil

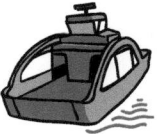

Fähr

færge

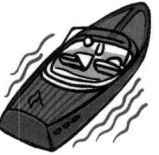

Boot

båd

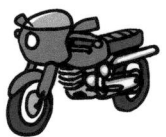

Motoorrad

motorcykel

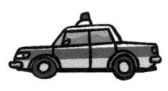

Polizeiauto

politibil

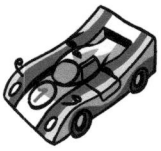

Rönnauto

racerbil

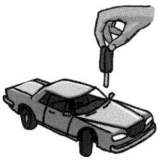

Lehnwagen

lejebil

Carsharing

samkørsel

Afsleepwagen

kranbil

Müllauto

skraldebil

Motoor

motor

Kraftstoff

benzin

Tanksteed

tankstation

Verkehrsschild

trafikskilt

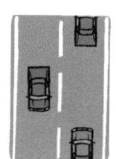

Verkehr

trafik

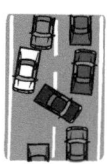

Stau

trafikprop

Afstellplatz

parkeringsplads

Bahnhoff

banegård

Sporen

skinner

Tog

tog

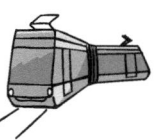

Stratenbahn

sporvogn

Wagon

wagon

Dwarsmöhl

helikopter

Flooghaven

lufthavn

Tower

tårn

Fohrgast

passager

Grootkist

container

Karton

karton

Koor

kærre

Korf

kurv

starten / lannen

starte / lande

Stadt
by

Dörp

landsby

Binnenstadt

bymidte

Huus

hus

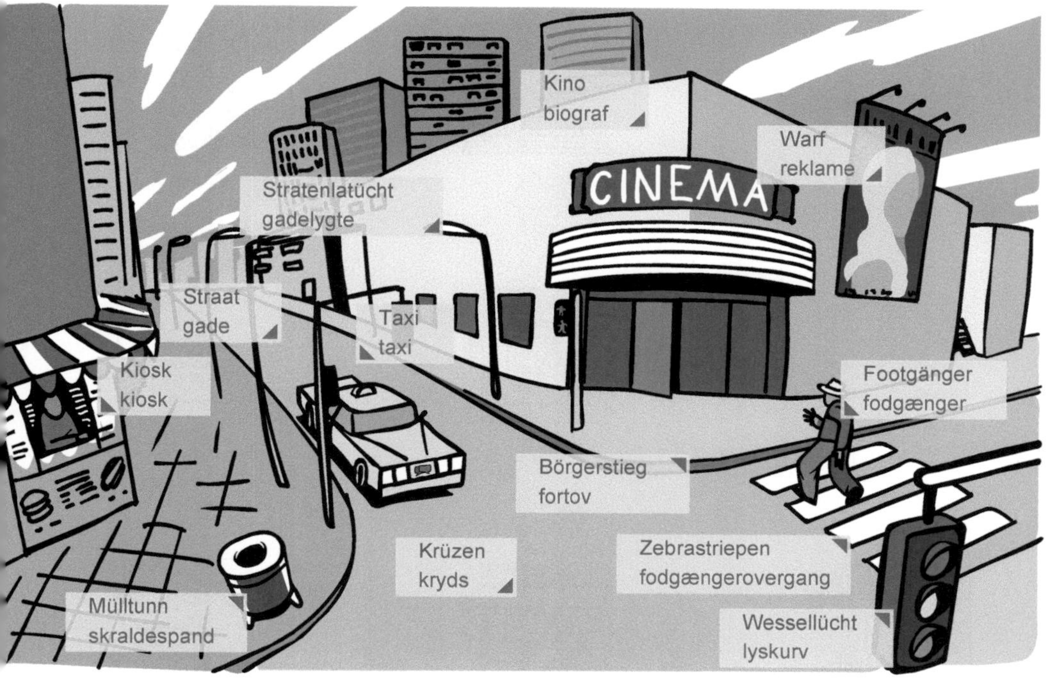

Kino
biograf

Warf
reklame

Stratenlatücht
gadelygte

CINEMA

Straat
gade

Taxi
taxi

Kiosk
kiosk

Footgänger
fodgænger

Börgerstieg
fortov

Krüzen
kryds

Zebrastriepen
fodgængerovergang

Mülltunn
skraldespand

Wessellücht
lyskurv

Hütt

hytte

Wahnung

lejlighed

Bahnhoff

banegård

Raathuus

rådhus

Museum

museum

School

skole

Universität

universitet

Bank

bank

Krankenhuus

sygehus

Hotel

hotel

Afteek

apotek

Büro

kontor

Bookhökerie

boghandel

Hökerie

butik

Blomenhökerie

blomsterbutik

Supermarkt

supermarked

Markt

marked

Koophuus

stormagasin

Fischhökerie

fiskehandler

Inkoopszentrum

butikscenter

Haven

havn

Parkanlaag

park

Bank

bænk

Brüch

bro

Trepp

trappe

Ünnergrundbahn

undergrundsbane

Tunnel

tunnel

Busstoppsteed

busstoppested

Bar

barnevogn

Spieslokal

restaurant

Breefkassen

postkasse

Stratenschild

vejskilt

Parkklock

parkometer

Deertenpark

zoo

Baadanstalt

badeanstalt

Moschee

moske

Buernhoff

bondegård

Ümweltversmudden

miljøforurening

Karkhoff

kirkegård

Kark

kirke

Speelplatz

legeplads

Tempel

tempel

Landschop
landskab

Blatt
blad

Wiespahl
vejviser

Weg
vej

Wisch
eng

Steen
sten

Boom
træ

Wannerer
vandrer

Fluss
flod

Gras
græs

Bloom
blomst

Daal

dal

Barg

bjerg

See

sø

Holt

skov

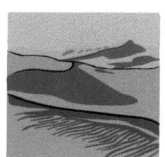

Wööst

ørken

Füerspien Barg

vulkan

Slott

slot

Regenbagen

regnbue

Poggenstohl

svamp

Palm

palme

Steekmück

moskito

Fleeg

flue

Miegeemk

myre

Imm

bi

Spinn

edderkop

Sebber

bille

Pogg

frø

Katteker

egern

Swienegel

pindsvin

Haas

hare

Uul

ugle

Vagel

fugl

Swaan

svane

Wildswien

vildsvin

Hirsch

hjort

Elk

elg

Staudamm

dæmning

Windrad

vindmølle

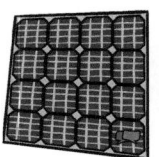

Solarmodul

solcellemodul

Klima

klima

Spieslokal
restaurant

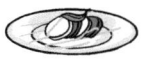

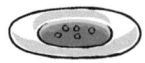

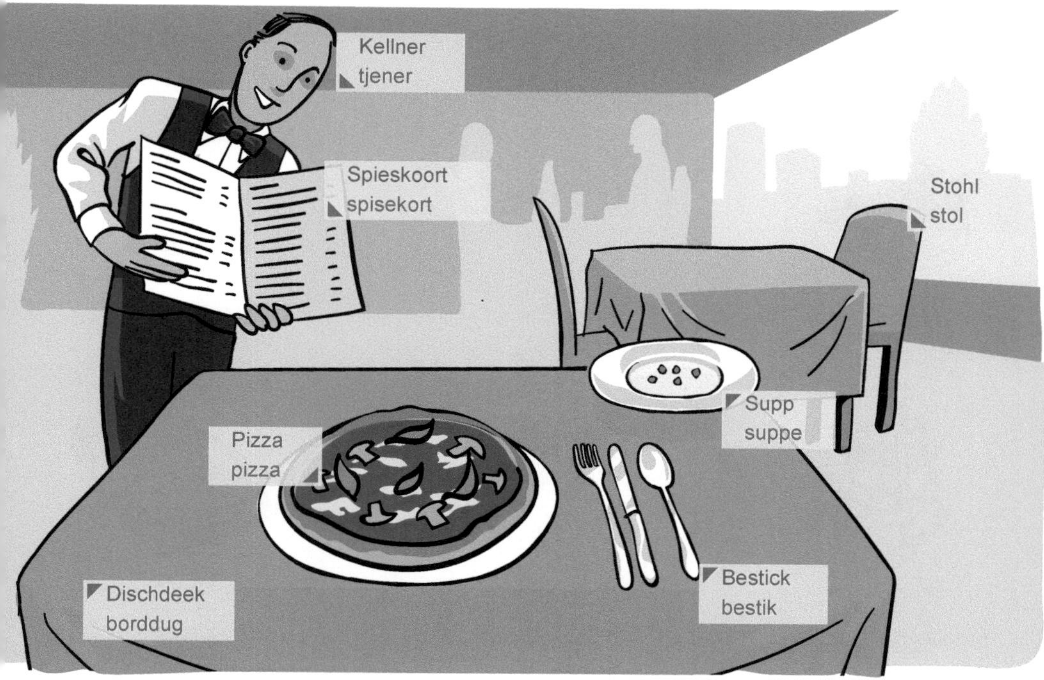

Kellner
tjener
Spieskoort
spisekort
Stohl
stol
Supp
suppe
Pizza
pizza
Dischdeek
borddug
Bestick
bestik

Vörspies

forret

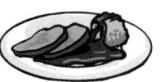

Haupteten

hovedret

Nadisch

dessert

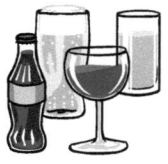

Drünk

drikkevarer

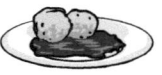

Eten

mad

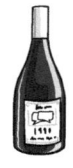

Buddel

flaske

Fastfood

fastfood

Strateneten

streetfood

Teekann

tekande

Zuckerdoos

sukkerdåse

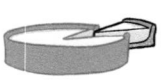

Portschoon

portion

Espressomaschien

espressomaskine

Hoochstohl

barnestol

Reken

faktura

Tablett

tablet

Mess

kniv

Gavel

gaffel

Lepel

ske

Teelepel

teske

Munddook

serviet

Glas

glas

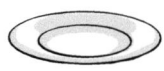

Töller

tallerken

Suppentöller

dyb tallerken

Ünnertass

underkop

Sooß

sovs

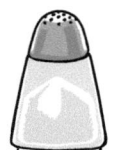

Soltstreuer

saltbøsse

Pepermöhl

peberkværn

Etig

eddike

Ööl

olie

Krüder

krydderier

Ketchup

ketchup

Mostrich

sennep

Mayonnaise

mayonnaise

Supermarkt

supermarked

Anbott
tilbud
FOR
Kunn
kunde
Melkprodukten
mælkeprodukter
Aaft
frugt
Inkoopswagen
indkøbsvogn

BUTCHERS

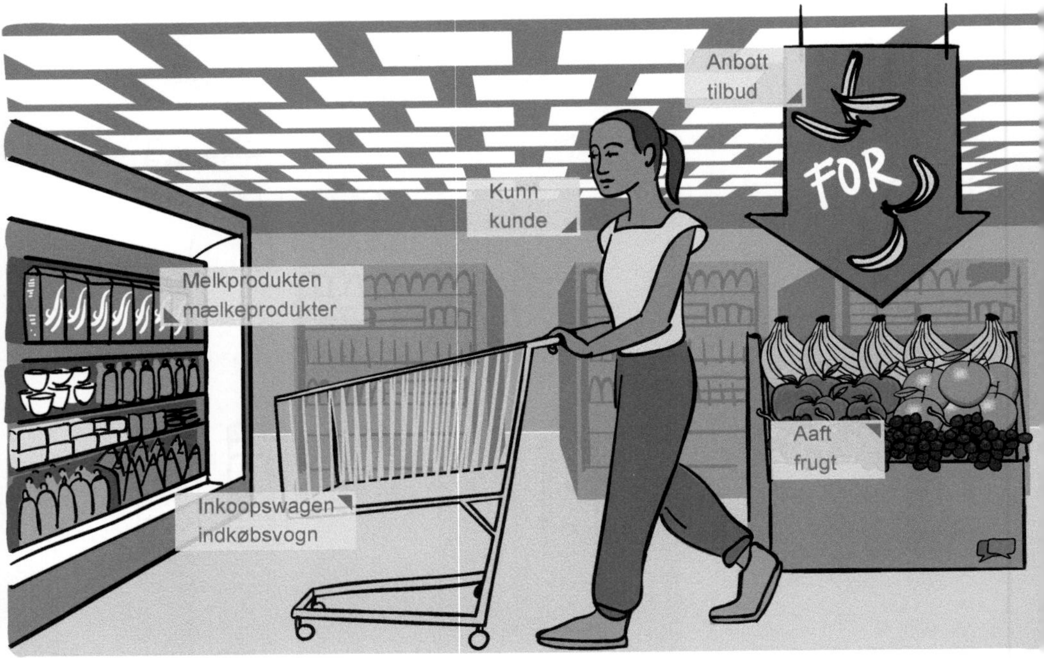

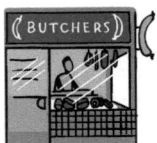

Slachterie

slagter

BAKERY

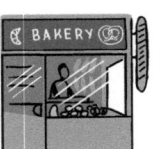

Bäckerie

bageri

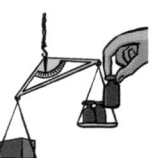

wegen

veje

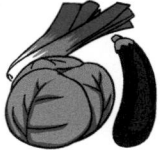

Gröönsaken

grøntsager

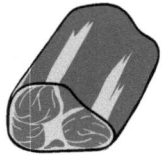

Fleesch

kød

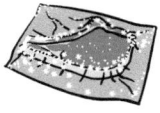

Deepköhlkost

frostvarer

Opsnitt
....
pålæg

Konserven
....
konserves

Waschmiddel
....
vaskemiddel

Snoopkraam
....
slik

Huushooltssaken
....
husholdningsvarer

Reinmaaktüüch
....
rengøringsmidler

Verköpersche
....
ekspedient

Kass
....
kasse

Kasserer
....
kasserer

Inkoopslist
....
indkøbsliste

Opsparrtieden
....
åbningstider

Breeftasch
....
tegnebog

Kreditkoort
....
kreditkort

Tasch
....
taske

Plastiktüüt
....
plasticpose

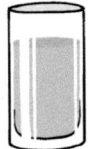

Water

vand

Saft

saft

Melk

mælk

Cola

cola

Wien

vin

Beer

øl

Spriet

alkohol

Kakao

kakao

Tee

te

Koffie

kaffe

Espresso

espresso

Cappucino

cappuccino

Banaan

banan

Appel

æble

Appelsien

appelsin

Meloon

melon

Zitroon

citron

Wöttel

gulerod

Knuuvlook

hvidløg

Bambus

bambus

Zibbel

løg

Poggenstohl

svamp

Nööt

nødder

Nudeln

nudler

Spaghetti

spaghetti

Ries

ris

Salat

salat

Pommes frites

pomfritter

Braadkantüffeln

stegte kartofler

Pizza

pizza

Hamborger

hamburger

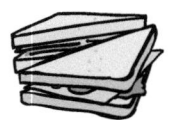

Sandwich

sandwich

Snitzel

schnitzel

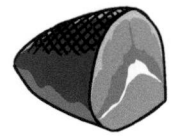

Schinken

skinke

Salami

salami

Wust

pølse

Hohn

kylling

Braden

steg

Fisch

fisk

Haverflocken
havregryn

Müsli
mysli

Cornflakes
cornflakes

Mehl
mel

Croissant
croissant

Rundstück
rundstykke

Broot
brød

Toast
toast

Keksen
kiks

Botter
smør

Quark
kvark

Koken
kage

Ei
æg

Spegelei
spejlæg

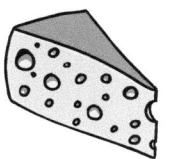

Kees
ost

les

is

Zucker

sukker

Honnig

honning

Marmelaad

marmelade

Nougat-Creme

nougat-creme

Curry

karry

Buernhoff
bondegård

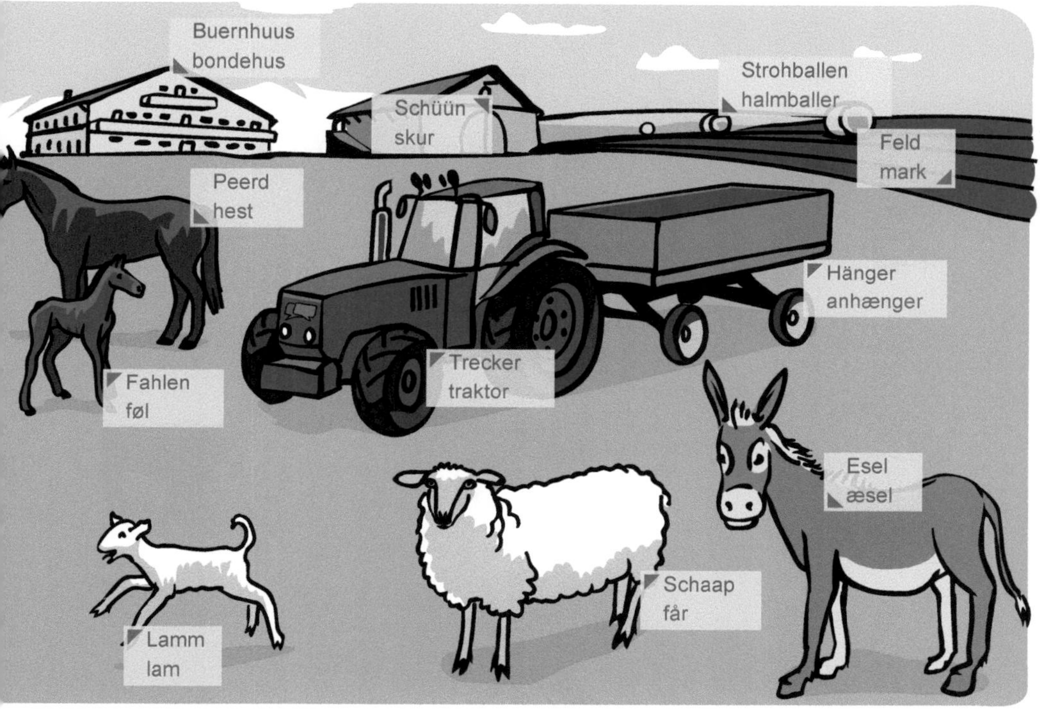
Buernhuus
bondehus
Schüün
skur
Strohballen
halmballer
Feld
mark
Peerd
hest
Hänger
anhænger
Trecker
traktor
Fahlen
føl
Esel
æsel
Schaap
får
Lamm
lam

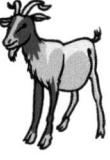

Zeeg
ged

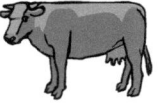

Koh
ko

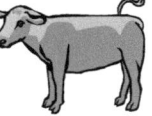

Kalf
kalv

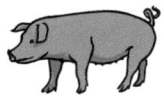

Swien
svin

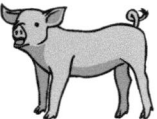

Farken
gris

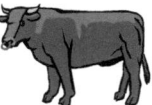

Bull
tyr

Goos

gås

Aant

and

Küken

kylling

Hohn

høne

Hahn

hane

Rott

rotte

Katt

kat

Muus

mus

Oss

okse

Hund

hund

Hunnenhütt

hundehus

Goornslauch

haveslange

Geetkann

vandkande

Lee

le

Ploog

plov

Sich

segl

Hack

hakkejern

Mestfork

møggreb

Ext

økse

Schuufkoor

trillebør

Trog

trug

Melkkann

mælkekande

Sack

sæk

Tuun

hæk

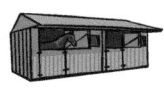

Stall

stald

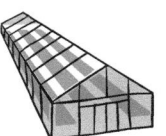

Drievhuus

drivhus

Bodden

jord

Saat

frø

Dünger

gødning

Meihdöscher

mejetærsker

oornen

høste

Oorn

høst

Yamswöttel

yams

Weten

hvede

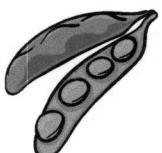

Soja

soja

Kantüffel

kartoffel

Törksche Weten

majs

Rapp

raps

Aaftboom

frugttræ

Troopsch Kantüffel

maniok

Koorn

korn

Huus
hus

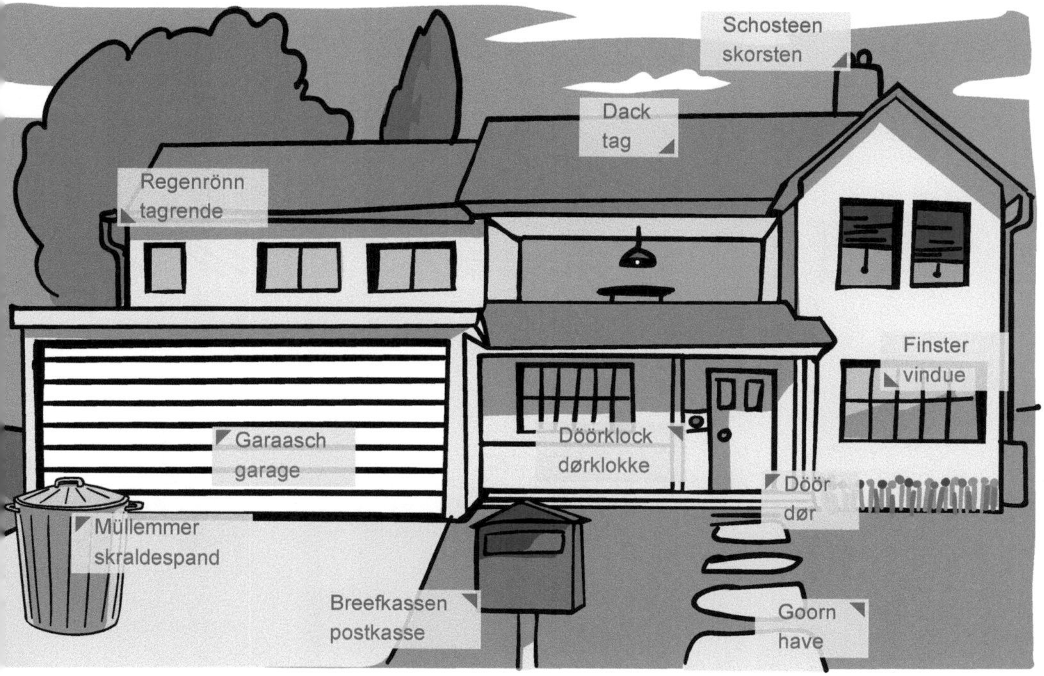
Schosteen
skorsten
Dack
tag
Regenrönn
tagrende
Finster
vindue
Garaasch
garage
Döörklock
dørklokke
Döör
dør
Müllemmer
skraldespand
Breefkassen
postkasse
Goorn
have

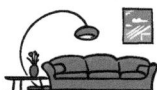

Wahnstuuv
stue

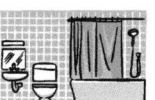

Baadstuuv
badeværelse

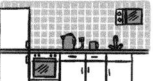

Köök
køkken

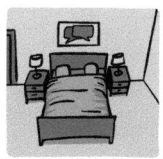

Slaapstuuv
soveværelse

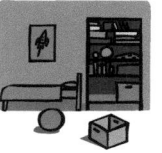

Kinnerstuuv
børneværelse

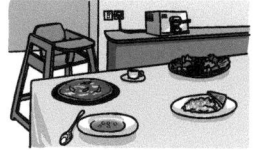

Eetstuuv
spisestue

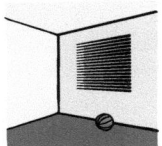

Footbodden

gulv

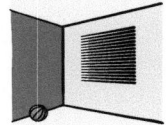

Wand

væg

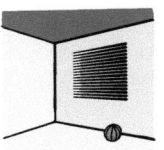

Deek

loft

Keller

kælder

Hittluftbad

sauna

Balkon

altan

Terrass

terrasse

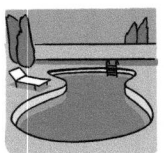

Swümmbad

svømmehal

Rasenmeiher

plæneklipper

Bettbetog

dynebetræk

Bettdeek

dyne

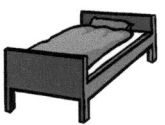

Puuch

seng

Bessen

kost

Emmer

spand

Schalter

kontakt

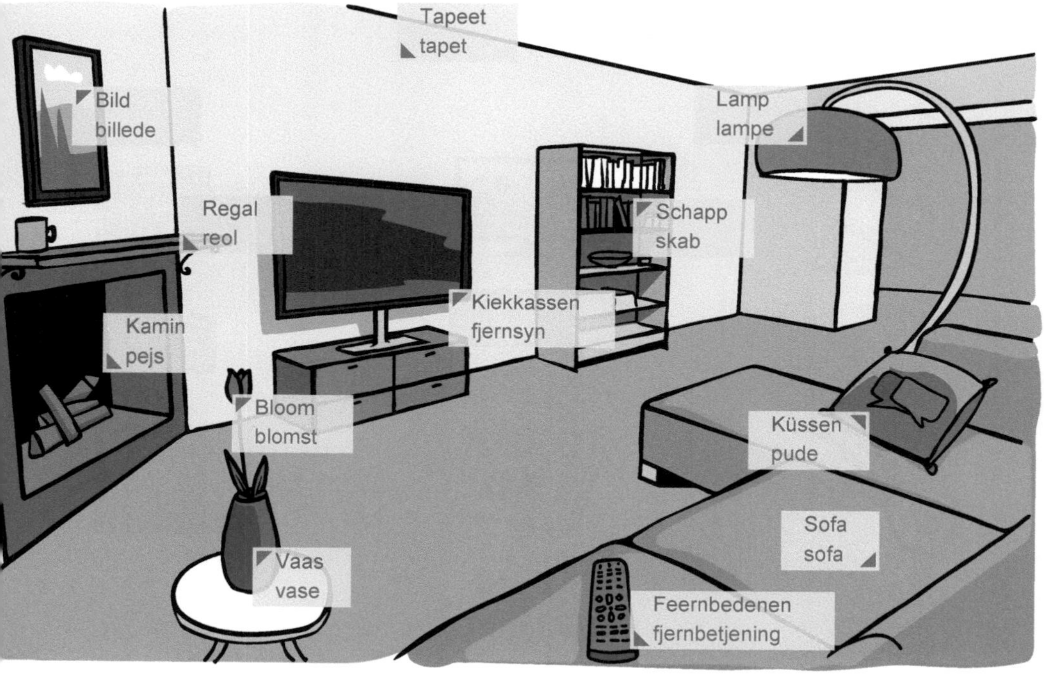

Tapeet
tapet

Bild
billede

Lamp
lampe

Regal
reol

Schapp
skab

Kamin
pejs

Kiekkassen
fjernsyn

Bloom
blomst

Küssen
pude

Vaas
vase

Sofa
sofa

Feernbedenen
fjernbetjening

Teppich
gulvtæppe

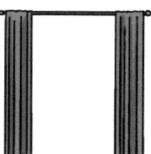

Vörhang
gardin

Disch
bord

Stohl
stol

Schuckelstohl
gyngestol

Sessel
lænestol

Book

bog

Deek

tæppe

Dekoratschoon

dekoration

Füerholt

brænde

Film

film

Stereoanlaag

stereoanlæg

Slötel

nøgle

Narichtenblatt

avis

Gemälde

maleri

Poster

plakat

Radio

radio

Opschrievblock

notesblok

Huulbessen

støvsuger

Kaktus

kaktus

Kars

lys

Köök
køkken

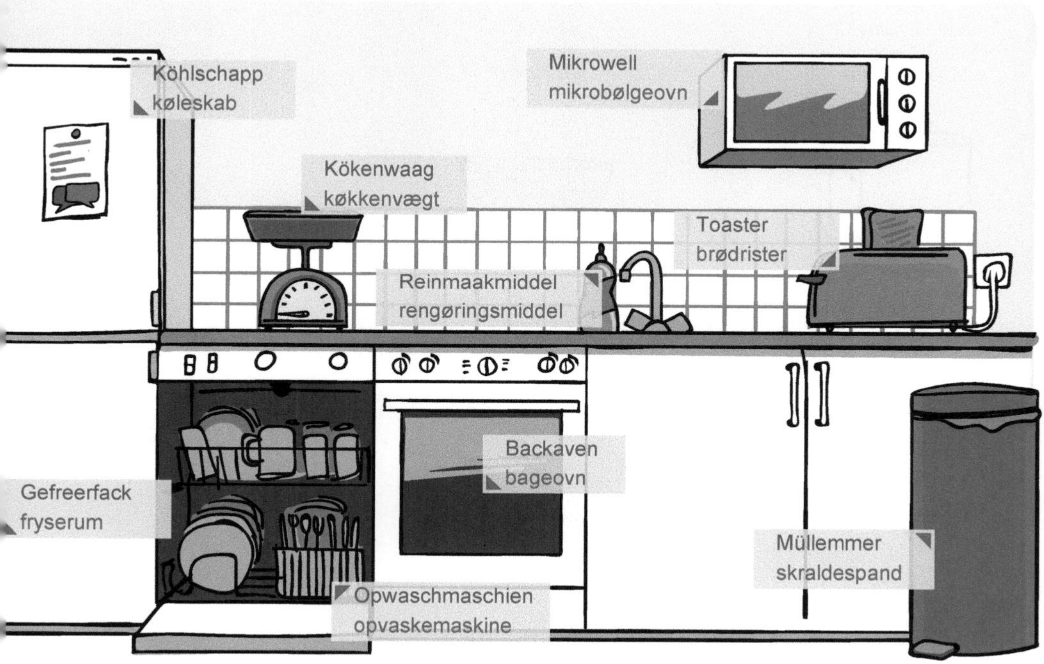

Köhlschapp
køleskab
Mikrowell
mikrobølgeovn
Kökenwaag
køkkenvægt
Toaster
brødrister
Reinmaakmiddel
rengøringsmiddel
Backaven
bageovn
Gefreerfack
fryserum
Müllemmer
skraldespand
Opwaschmaschien
opvaskemaskine

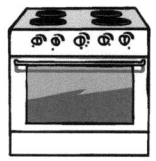

Heerd

komfur

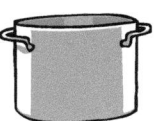

Pott

gryde

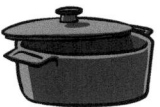

Gussiesern Putt

jerngryde

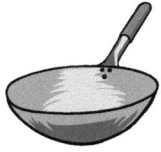

Wok / Kadai

wok / kadai

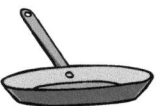

Pann

pande

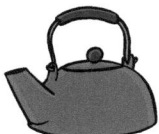

Waterkaker

elkedel

Dampkaakputt

dampkoger

Backblick

bageplade

Geschirr

service

Beker

bæger

Schaal

skål

Eetsticken

spisepinde

Suppenkell

øseske

Pannenwenner

paletkniv

Sneebessen

piskeris

Kaakseef

dørslag

Seef

si

Riev

rive

Mörser

morter

Grill

grille

Füerstell

ildsted

Sniedbrett

skærebræt

Nudelholt

kagerulle

Proppentrecker

proptrækker

Doos

dåse

Dosenaapner

dåseåbner

Pottlappen

grydelap

Waschbecken

køkkenvask

Böst

børste

Swamm

svamp

Mixer

blender

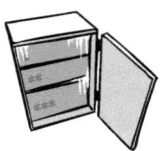

Iesschapp

dybfryser

Nuckelbuddel

sutteflaske

Waterhahn

vandhane

Baadstuuv

badeværelse

Heizung
radiator
Handdook
håndklæde
Bruus
brusebad
Bruusvörhang
bruserforhæng
Schuumbad
skumbad
Baadwann
badekar
Glas
glas
Waschmaschien
vaskemaskine
Waterhahn
vandhane
Fliesen
fliser
lütte Putt
tissepotte
Waschbecken
køkkenvask

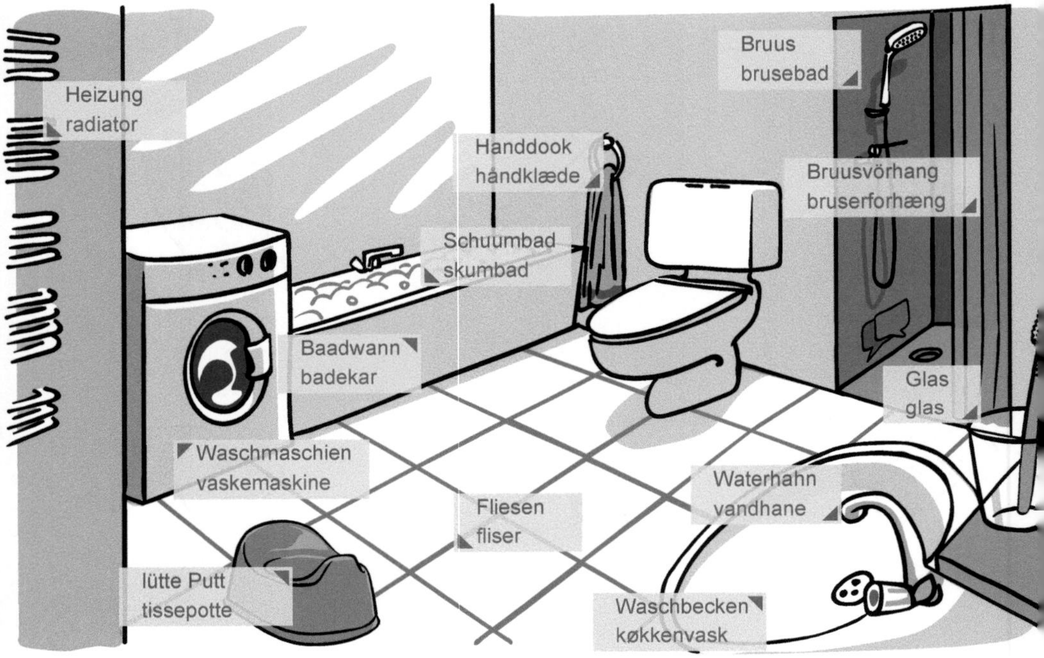

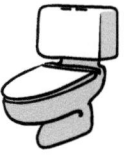

Tante Meier

toilet

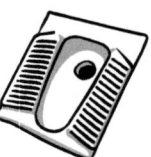

Hockklo

hugsiddende toilet

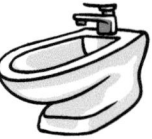

Bidet

bidet

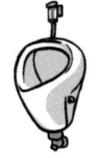

Miegbecken

pissoir

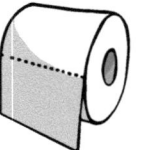

Klopapeer

toiletpapir

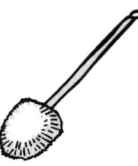

Kloböst

toiletbørste

Tähnböst

tandbørste

Tähnpast

tandpasta

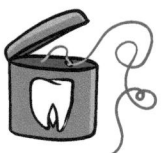

Tähnsied

tandtråd

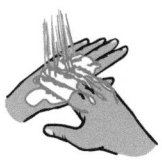

waschen

vaske

Handbruus

håndbruser

Intimbruus

intimbruser

Waschschöttel

vaskefad

Rüchböst

badebørste

Seep

sæbe

Bruusgeel

brusegele

Hoorwaschmiddel

shampoo

Waschlappen

vaskeklud

Afloop

afløb

Creme

creme

Deodorant

deodorant

Spegel

spejl

Kosmetikspegel

kosmetikspejl

Raserer

barberhøvl

Raseerschuum

barberskum

Raseerwater

barbervand

Kamm

kam

Böst

børste

Hoordröger

hårtørrer

Hoorspray

hårspray

Smink

makeup

Lippensticken

læbestift

Nagellack

neglelak

Watt

vat

Nagelscheer

neglesaks

Rüükwater

parfume

Kulturbüdel

toilettaske

Schemel

skammel

Waag

vægt

Baadmantel

badekåbe

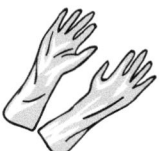

Gummihanschen

gummihandsker

Tampon

tampon

Damenbinn

damebind

Chemieklo

kemisk toilet

Kinnerstuuv
børneværelse

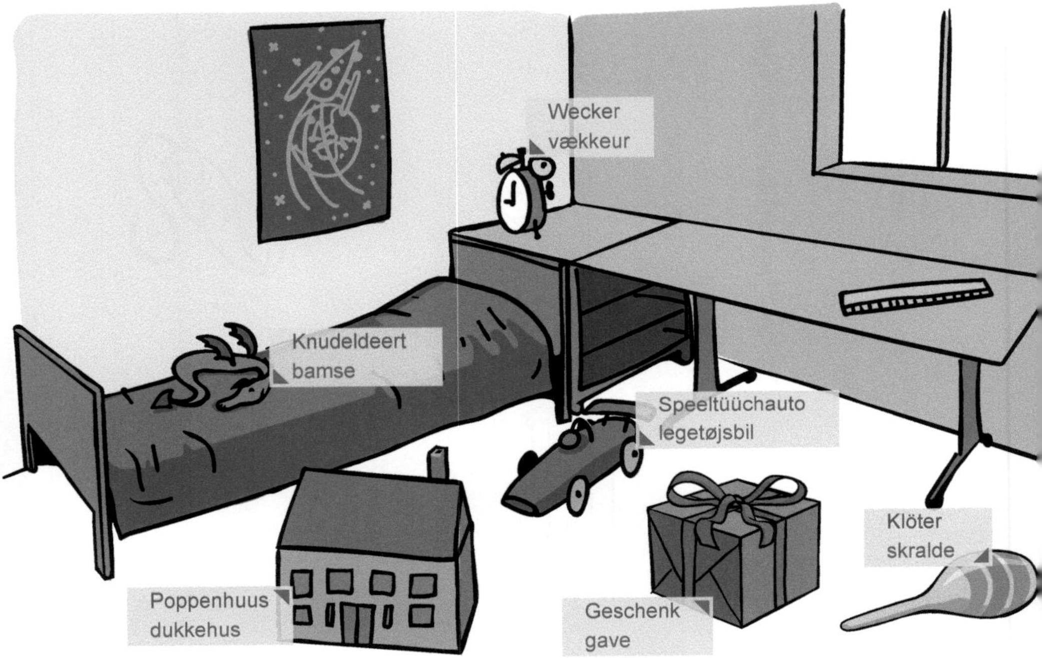

Wecker
vækkeur
Knudeldeert
bamse
Speeltüüchauto
legetøjsbil
Klöter
skralde
Poppenhuus
dukkehus
Geschenk
gave

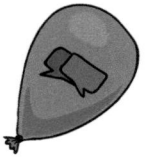

Luftballon

ballon

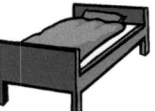

Puuch

seng

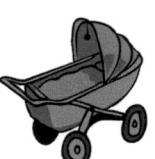

Kinnerwagen

barnevogn

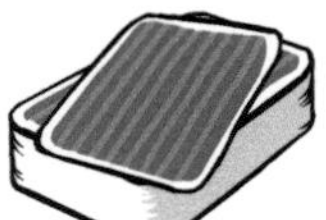

Koortenspeel

kortspil

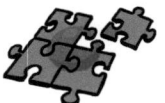

Puzzle

puslespil

SUPER MEGA

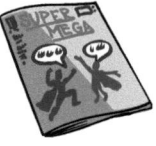

Billergeschicht

tegneserie

Legostenen

legoklodser

Bustenen

byggeklodser

Action-Figur

action figur

Strampelantog

sparkedragt

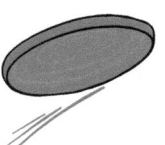

Frisbeeschiev

frisbee

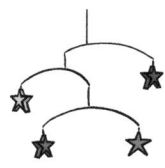

Mobile

uro

Brettspeel

brætspil

Wörpel

terning

Modelliesenbahn

modeljernbane

Snuller

sut

Party

fest

Billerbook

billedbog

Ball

bold

Popp

dukke

spelen

lege

Sandkassen

sandkasse

Schuckel

gynge

Speeltüüch

legetøj

Speelkonsool

spillekonsol

Dreerad

trehjulet cykel

Teddyboor

bamse

Klederschapp

klædeskab

Tüüch

tøj

Socken

sokker

Strümp

strømper

Strumpbüx

strømpebukser

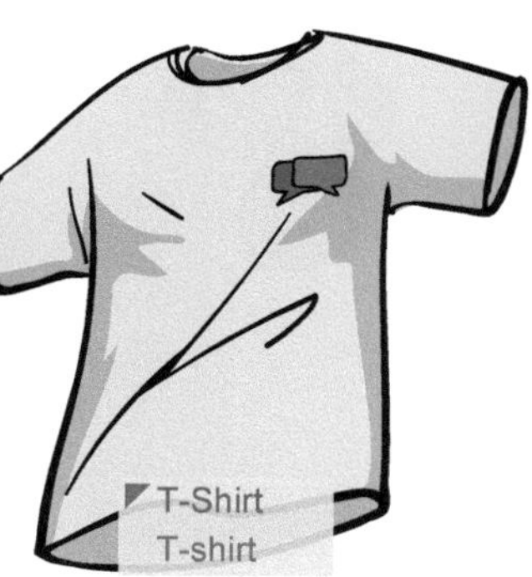

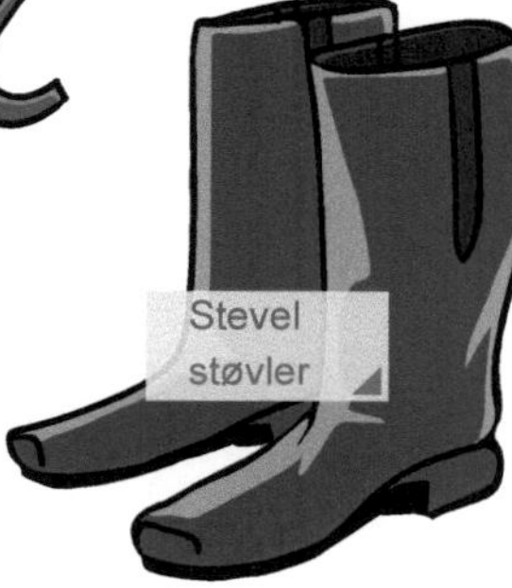

Halsdook
sjal

Liefreem
bælte

Paraplü
paraply

T-Shirt
T-shirt

Turnschoh
sneakers

Stevel
støvler

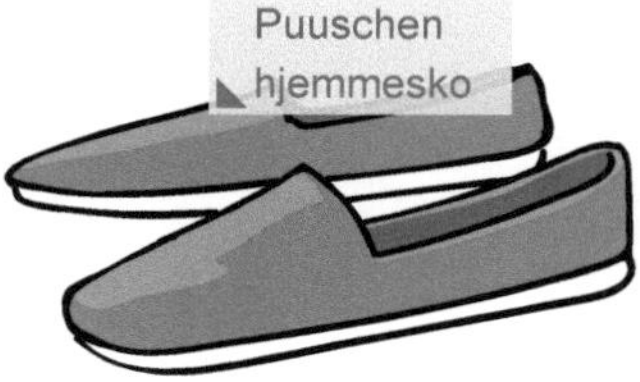

Puuschen
hjemmesko

Sandalen

sandaler

Schoh

sko

Gummistevel

gummistøvler

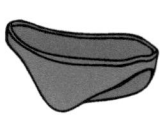

Ünnerbüx

underbukser

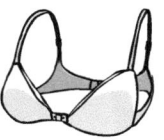

Bostholler

BH

Ünnerhemd

undertrøje

Lief

body

Büx

bukser

Jeansnüx

jeans

Rock

nederdel

Bluus

bluse

Hemd

skjorte

Pullover

pullover

Kapuzenpullover

sweatshirt

Blazer

blazer

Jack

jakke

Mantel

frakke

Övertrecker

regnfrakke

Kostüm

kostume

Kleed

kjole

Hochtietskleed

brudekjole

Antog

jakkesæt

Nachtkleed

nattrøje

Slaapantog

pyjamas

Sari

sari

Koppdook

hovedtørklæde

Turban

turban

Burka

burka

Kaftan

kaftan

Abaya

abaya

Baadantog

badedragt

Baadbüx

badebukser

Korte Büx

korte bukser

Antog to'n Öven

træningsdragt

Schört

forklæde

Handschoh

handsker

Knopp

knap

Brill

briller

Armband

armbånd

Halskeed

kæde

Ring

ring

Ohrbummel

ørering

Mütz

hue

Klederbögel

bøjle

Hoot

hat

Binner

slips

Rietslüter

lynlås

Helm

hjelm

Drachtband

seler

Schooluniform

skoleuniform

Uniform

uniform

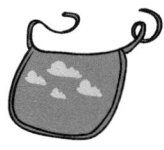

Severböten

hagesmæk

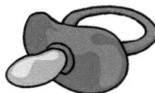

Snuller

sut

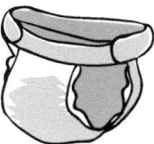

Winnel

ble

Büro
kontor

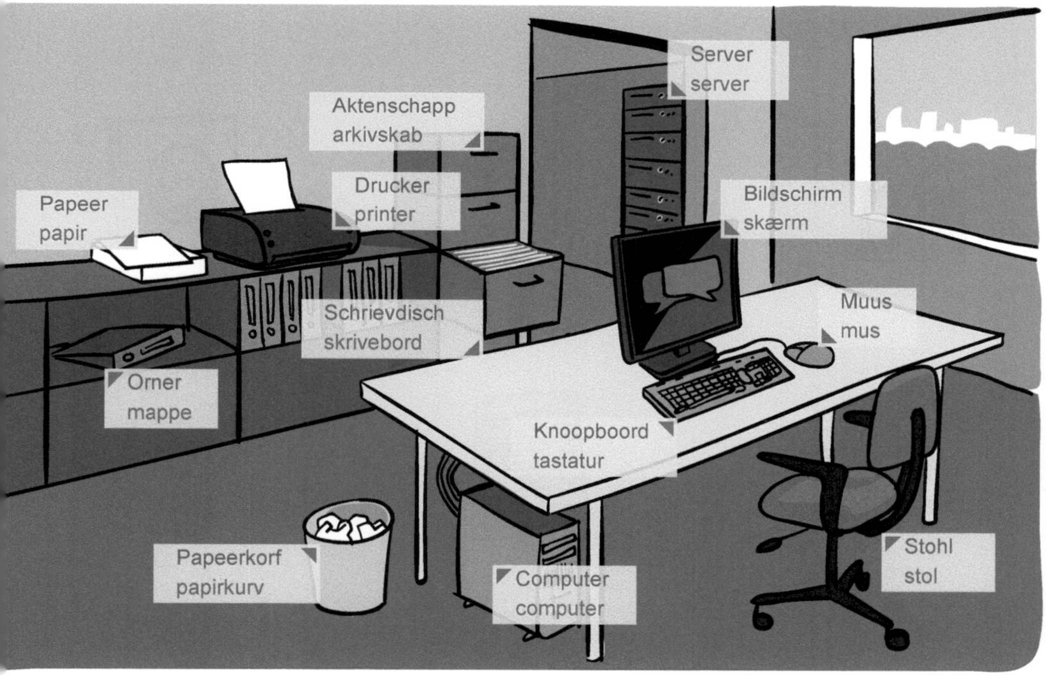

Server
server
Aktenschapp
arkivskab
Drucker
printer
Papeer
papir
Bildschirm
skærm
Muus
mus
Schrievdisch
skrivebord
Orner
mappe
Knoopboord
tastatur
Papeerkorf
papirkurv
Computer
computer
Stohl
stol

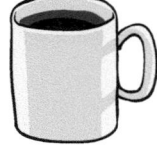

Koffiebeker

kaffekrus

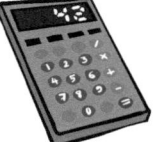

Taschenreekner

lommeregner

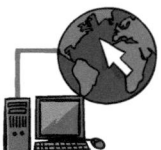

Internet

internet

Klappreekner

bærbar

Breef

brev

Naricht

besked

Ackersnacker

mobil

Nettwark

netværk

Kopeerapparat

kopimaskine

Software

software

Klöönkassen

telefon

Steekdoos

stikdåse

Faxapparat

fax

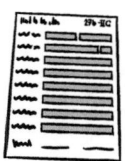

Formulor

formular

Dokument

dokument

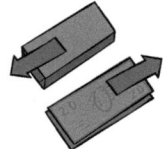

köpen

købe

betahlen

betale

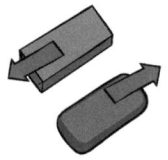

hanneln

handle

Geld

penge

Dollar

dollar

Euro

euro

Yen

yen

Ruvel

rubel

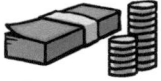

Swiezer Franken

schweizerfranc

Renminbi Yuan

renminbi yuan

Rupie

rupee

Geldautomat

hæveautomat

Wesselstuuv

vekselkontor

Gold

guld

Sülver

sølv

Ööl

olie

Energie

energi

Pries

pris

Verdrag

kontrakt

Stüer

skat

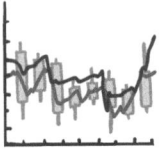

Andeelschien

aktie

arbeiden

arbejde

Anstellte

ansat

Arbeitgever

arbejdsgiver

Fabrik

fabrik

Hökerie

butik

Profeschonen
erhverv

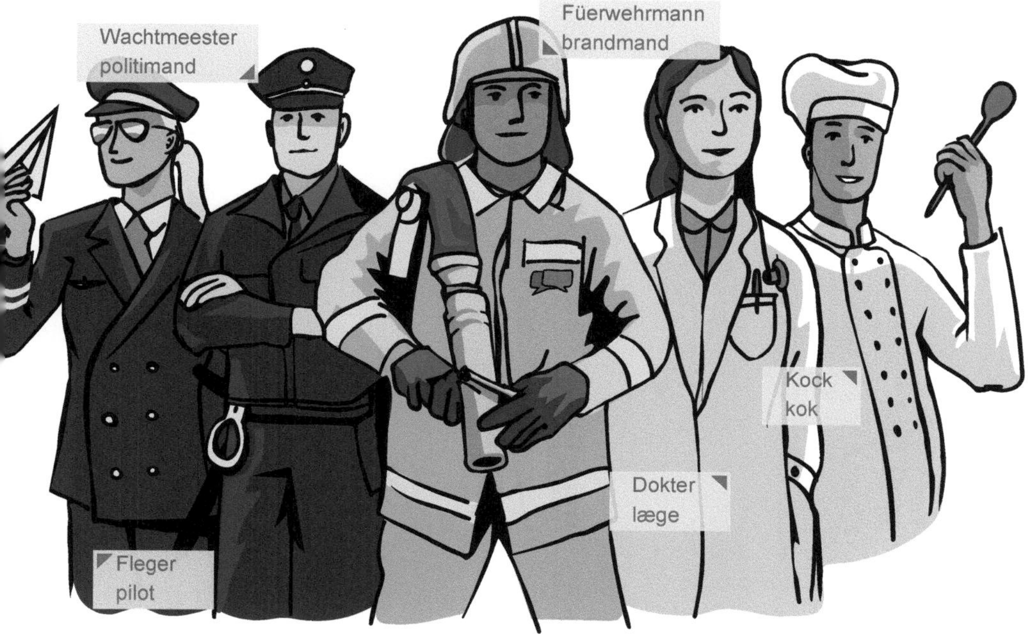

Wachtmeester
politimand
Füerwehrmann
brandmand
Kock
kok
Dokter
læge
Fleger
pilot

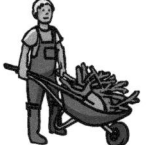

Goorner

gartner

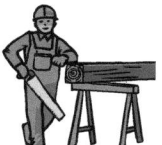

Discher

tømrer

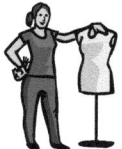

Neihersche

syerske

Richter

dommer

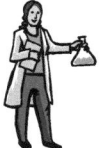

Chemiker

kemiker

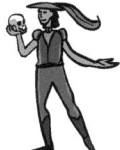

Schauspeler

skuespiller

Busfohrer

buschauffør

Taxifohrer

taxachauffør

Fischer

fisker

Reinmaakfru

rengøringskone

Dackdecker

tagdækker

Kellner

tjener

Jäger

jæger

Maler

maler

Bäcker

bager

Elektriker

elektriker

Buarbeider

bygningsarbejder

Ingenieur

ingeniør

Slachter

slagter

Klempner

vvs-mand

Postbüdel

postbud

Suldat

soldat

Architekt

arkitekt

Kasserer

kasserer

Florist

blomsterhandler

Putzbüdel

frisør

Schaffner

togfører

Mechaniker

mekaniker

Kaptein

kaptajn

Tähndokter

tandlæge

Wetenschopler

videnskabsmand

Rabbi

rabbiner

Imam

imam

Mönk

munk

Paap

præst

Warktüüch

værktøj

Hamer
hammer
Tang
tang
Schruvendreiher
skruedrejer
Schruvenslötel
skruenøgle
Taschenlamp
lommelygte

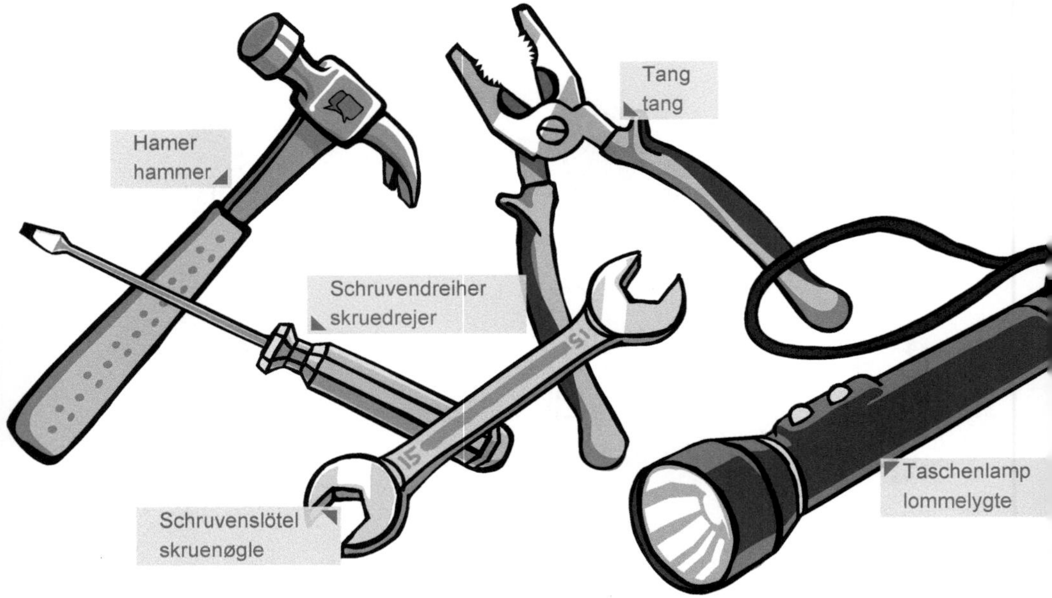

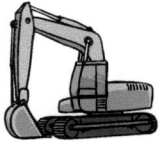

Grieper

gravemaskine

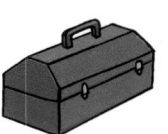

Warktüüchkassen

værktøjskasse

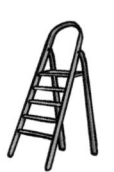

Ledder

stige

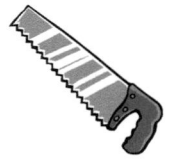

Saag

sav

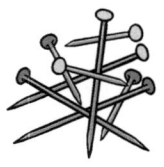

Nagels

søm

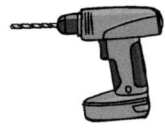

Bohrer

bor

heelmaken
reparere

Schüffel
skovl

Schiet!
Lort!

Kehrblick
fejebakke

Farvpott
malerspand

Schruven
skruer

Musikinstrumenten
musikinstrumenter

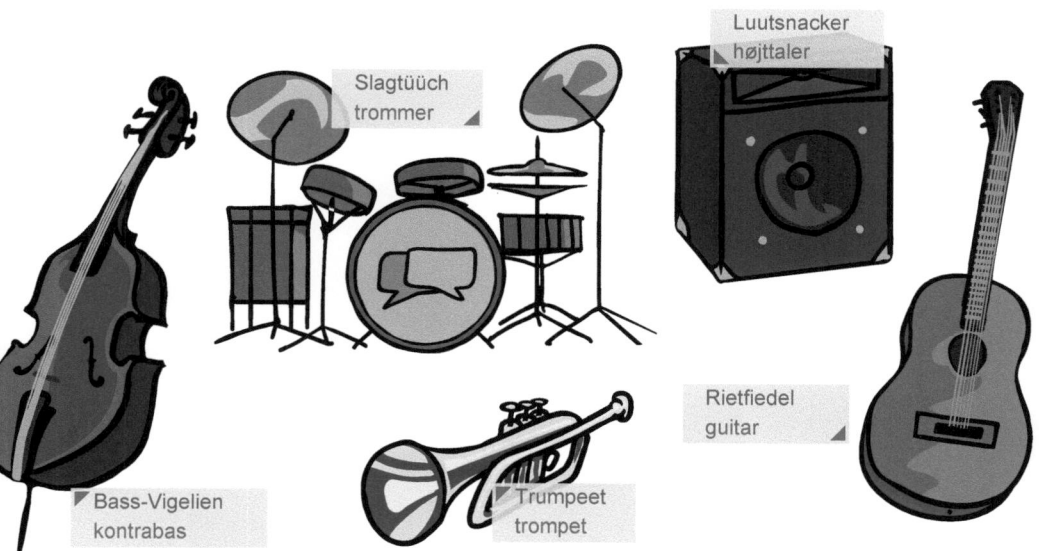

Slagtüüch
trommer

Luutsnacker
højttaler

Rietfiedel
guitar

Bass-Vigelien
kontrabas

Trumpeet
trompet

Klaveer

klaver

Vigelien

violin

Bass

bas

Pauk

pauke

Trummeln

tromme

Keyboard

keyboard

Saxophon

saxofon

Fleut

fløjte

Mikrofoon

mikrofon

Deertenpark

zoo

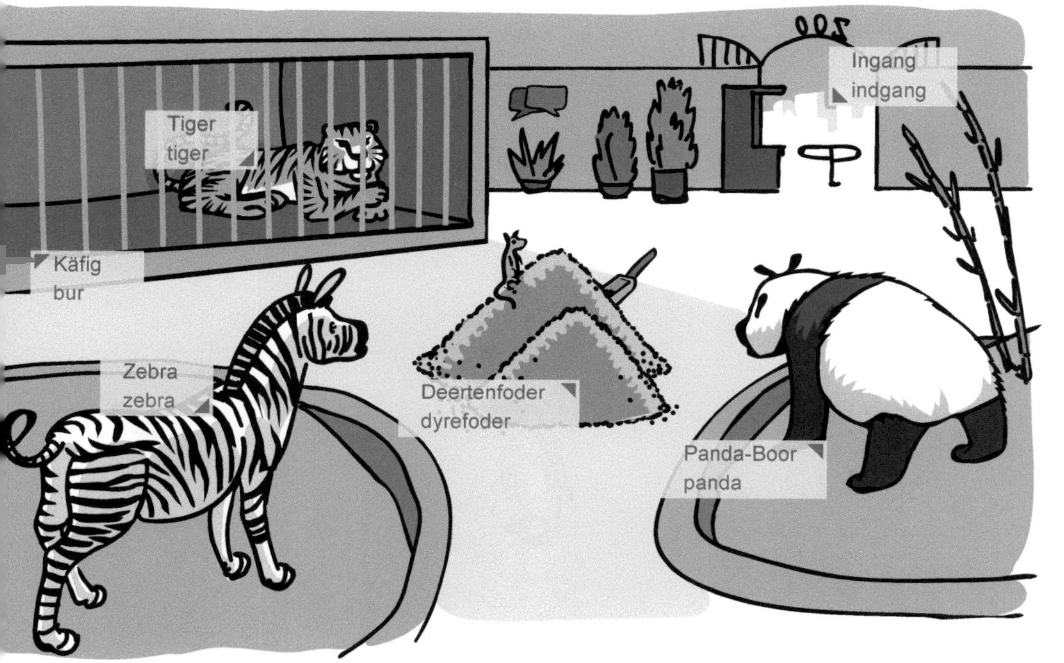

Tiger
tiger
Käfig
bur
Zebra
zebra
Deertenfoder
dyrefoder
Panda-Boor
panda
Ingang
indgang

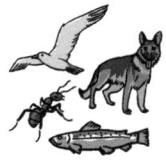

Deerten

dyr

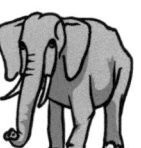

Elefant

elefant

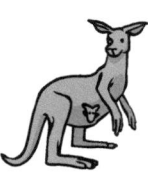

Känguru

kænguru

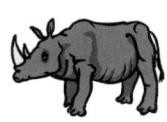

Neeshoorn

næsehorn

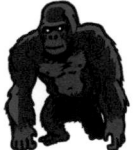

Gorilla

gorilla

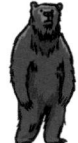

Boor

bjørn

Kameel

kamel

Struuß

struds

Lööv

løve

Aap

abe

Flamingo

flamingo

Papagoi

papegøje

Iesboor

isbjørn

Pinguin

pingvin

Haifisch

haj

Pageluun

påfugl

Slang

slange

Krokodil

krokodille

Oppasser in'n Deertenpark

dyrepasser

Saalhund

sæl

Jaguor

jaguar

Pony

pony

Leopard

leopard

Nilpeerd

flodhest

Giraff

giraf

Aadler

ørn

Wildswien

vildsvin

Fisch

fisk

Schildkrööt

skildpadde

Walross

hvalros

Voss

ræv

Gazell

gazelle

Amerikaansch Football
amerikansk football

Radfohren
cykling

Tennis
tennis

Korfball
basketball

Swümmen
svømning

Boxen
boksning

Ieshockey
ishockey

Football
fodbold

Fedderball
badminton

Leichtathletik
atletik

Handball
håndbold

Skilopen
skiløb

Polo
polo

Aktivitäten
aktiviteter

springen
springe
ümarmen
give et knus
lachen
grine
gahn
gå
singen
synge
drömen
drømme
beden
bede
snuteln
kysse

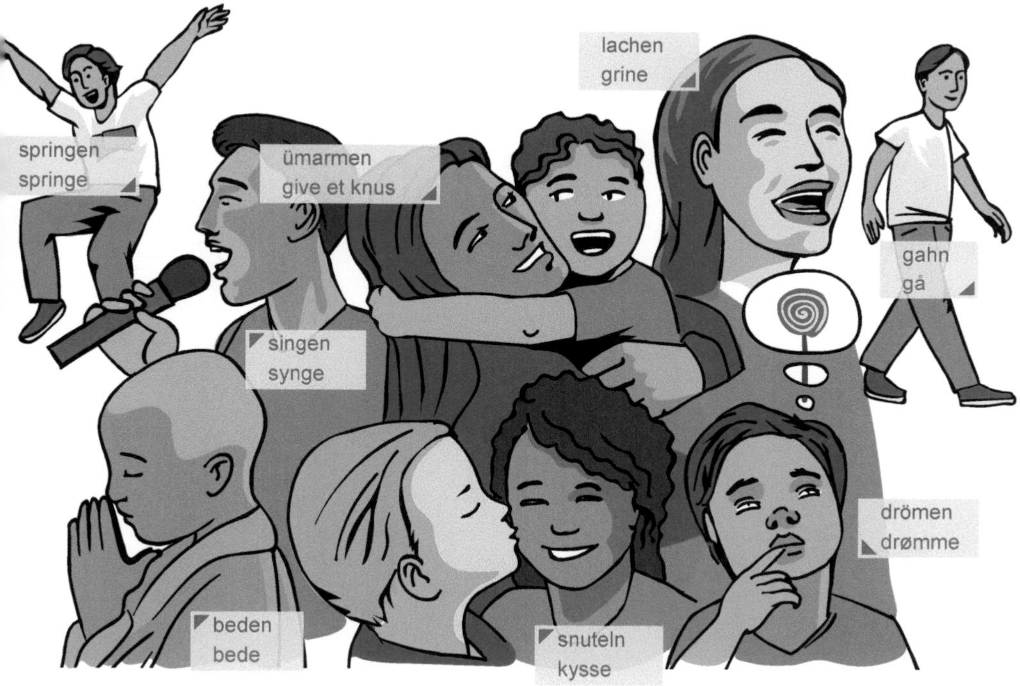

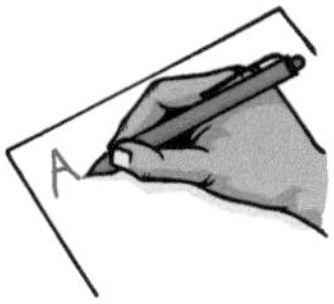

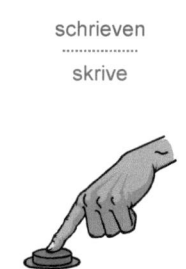

schrieven

skrive

teken

tegne

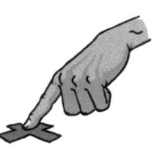

wiesen

vise

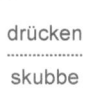

drücken

skubbe

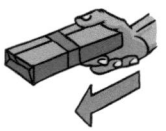

geven

give

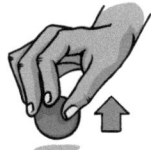

nehmen

tage

hebben
have

doon
gøre

sien
være

stahn
stå

lopen
løbe

trecken
trække

smieten
kaste

fallen
falde

liggen
ligge

töven
vente

dregen
bære

sitten
sidde

antrecken
tage på

slapen
sove

opwaken
vågne

ankieken

se på

wenen

græde

eien

ae

kämmen

kæmme

snacken

tale

verstahn

forstå

fragen

spørge

hören

høre

drinken

drikke

eten

spise

oprümen

rydde op

leefhebben

elske

kaken

koge

fohren

køre

flegen

flyve

segeln

sejle

reken

regne

lesen

læse

lehren

lære

arbeiden

arbejde

de Plünnen tohoopsmieten

gifte sig med

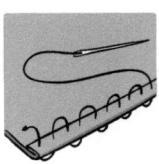

neihen

sy

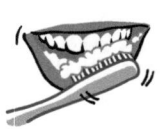

Tähnen putzen

børste tænder

dootmaken

dræbe

smöken

ryge

schicken

sende

Familje
familie

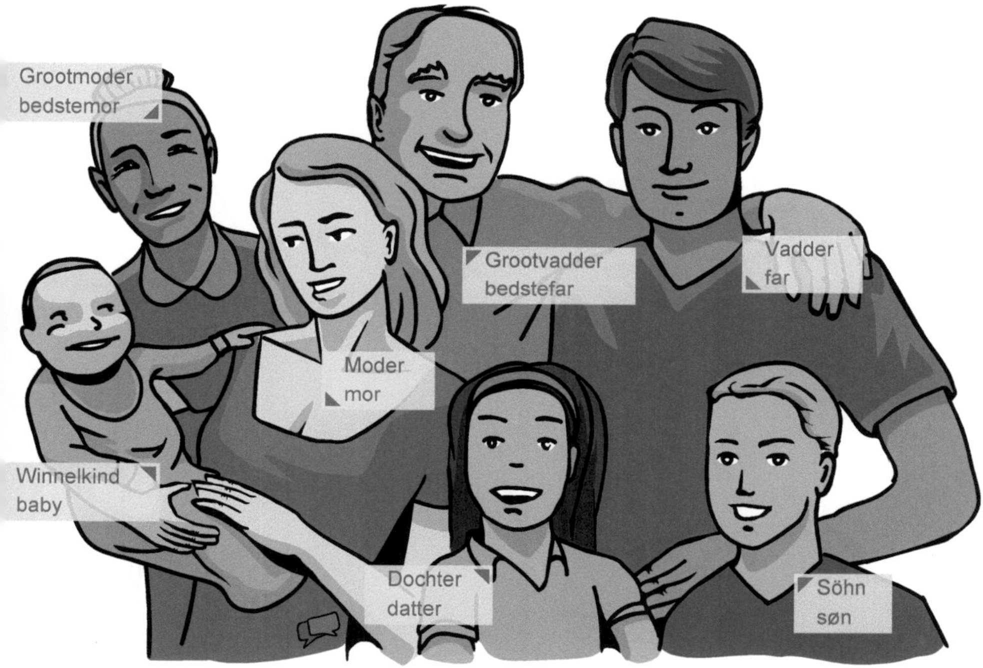
Grootmoder
bedstemor
Grootvadder
bedstefar
Vadder
far
Moder
mor
Winnelkind
baby
Dochter
datter
Söhn
søn

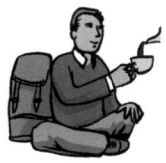

Gast

gæst

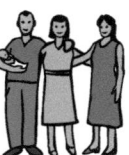

Tant

tante

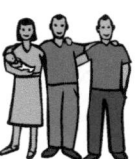

Unkel

onkel

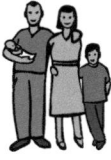

Broder

bror

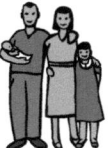

Süster

søster

Lief

krop

Vörkopp
pande
Oog
øje
Schuller
skulder
Finger
finger
Gesicht
ansigt
Kinn
hage
Hand
hånd
Been
ben
Bost
bryst
Arm
arm

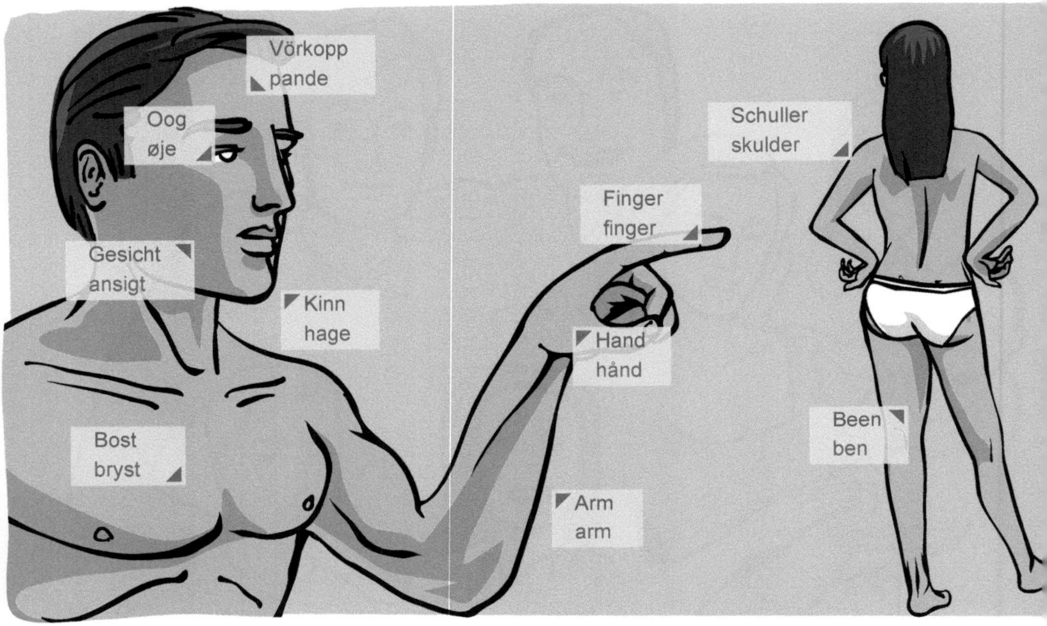

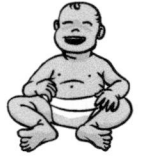

Winnelkind

baby

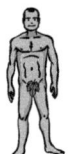

Mann

mand

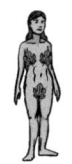

Fro

kvinde

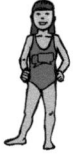

Deern

pige

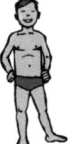

Jung

dreng

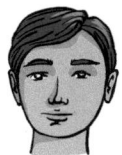

Arm

hoved

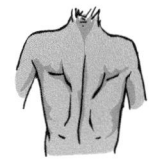

Rüch

ryg

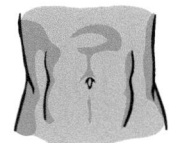

Buuk

mave

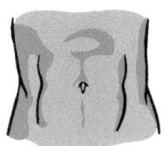

Navel

navle

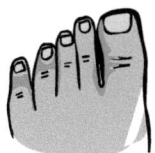

Teh

tå

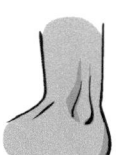

Hack

hæl

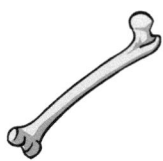

Knaken

knogle

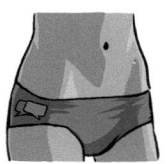

Hüft

hofte

Knee

knæ

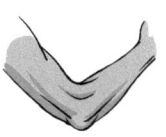

Ellbagen

albue

Nees

næse

Achtersen

bagdel

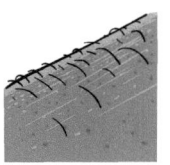

Huut

hud

Back

kind

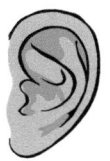

Ohr

øre

Lipp

læbe

Mund

mund

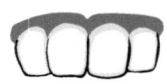

Tähn

tand

Tung

tunge

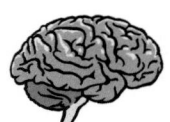

Bregen

hjerne

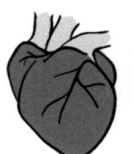

Hart

hjerte

Muskel

muskel

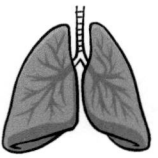

Lung

lunge

Lever

lever

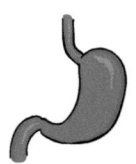

Maag

mavesæk

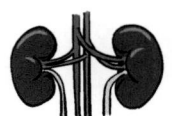

Neren

nyrer

Bislaap

sex

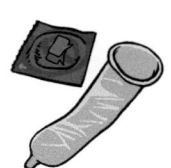

Kondoom

kondom

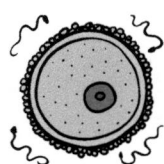

Eizell

ægcelle

Sperma

sperm

Anner Ümstänn

svangerskab

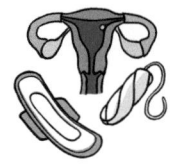

Menstruatschoon

menstruation

Scheed

vagina

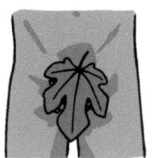

Pint

penis

Ogenbroe

øjenbryn

Hoor

hår

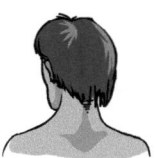

Hals

hals

Krankenhuus
sygehus

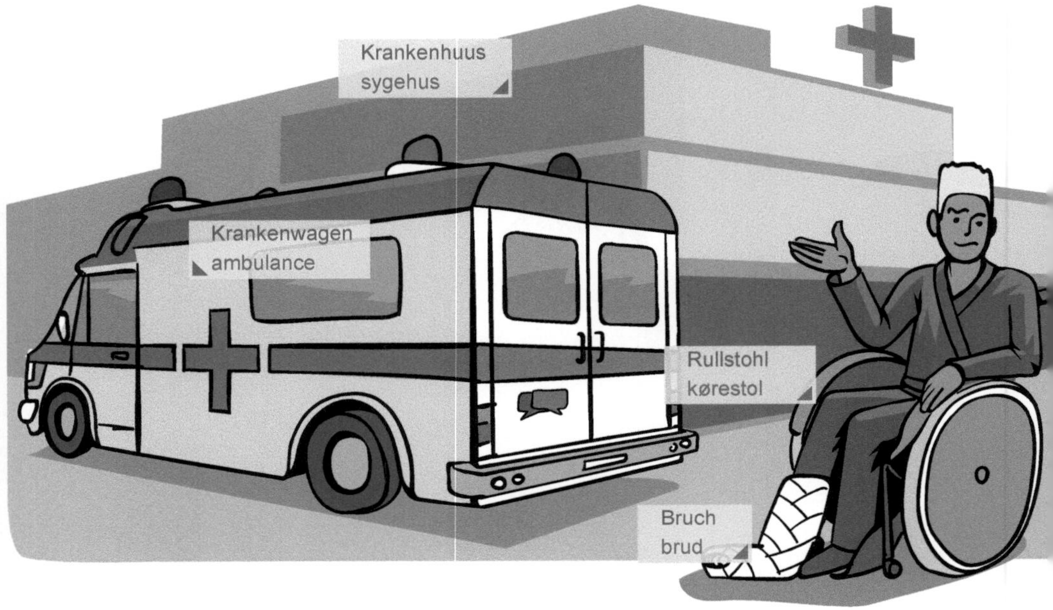

Krankenhuus
sygehus
Krankenwagen
ambulance
Rullstohl
kørestol
Bruch
brud

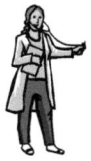

Dokter

læge

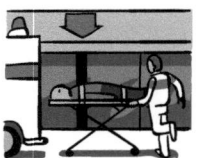

Nootopnahm

akutmodtagelse

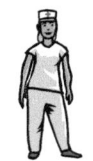

Krankensüster

sygeplejerske

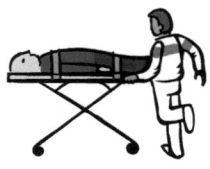

Nootfall

nødstilfælde

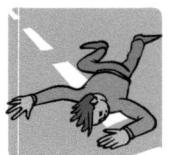

ahnmächtig

bevidstløs

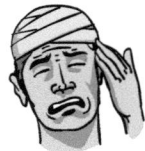

Wehdaag

smerte

Verwunnen

skade

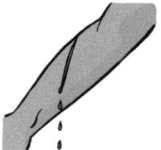

Blöden

blødning

Hartinfarkt

hjerteinfarkt

Slaganfall

slagtilfælde

Allergie

allergi

Hoosten

hoste

Fever

feber

Gripp

influenza

Dörchfall

diarré

Koppwehdaag

hovedpine

Kreeft

kræft

Zuckersüük

diabetes

Chirurg

kirurg

Chirurgsch Mess

skalpel

Operatschoon

operation

CT

CT

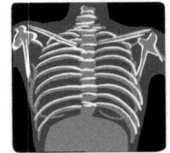

Dörchlüchten

røntgen

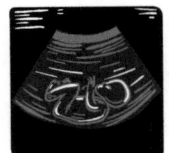

Ultraschall

ultralyd

Mask

maske

Krankheit

sygdom

Töövruum

venteværelse

Krück

krykke

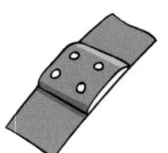

Plaaster

plaster

Verband

forbinding

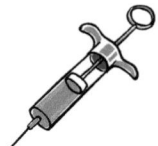

Insprütten

injektion

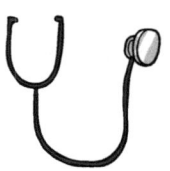

Stethoskop

stetoskop

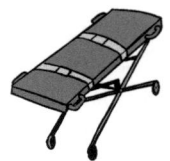

Draag

båre

Feverthermometer

termometer

Geboort

fødsel

Övergewicht

overvægt

Höörapparat

høreapparat

Kiemfriemiddel

desinficerende middel

Ansteken

infektion

Virus

virus

HIV / AIDS

HIV / AIDS

Heelmiddel

medicin

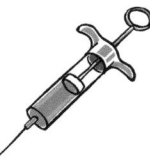

Impen

vaccination

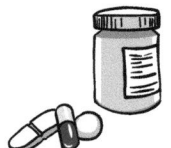

Tabletten

tabletter

Pill

pille

Nootroop

nødopkald

Blootdruck-Meter

blodtryksmåler

krank / gesund

syg / rask

Hölp!

Hjælp!

Alarm

alarm

Överfall

overfald

Angreep

angreb

Gefohr

fare

Nootutgang

nødudgang

Füer!

Det brænder!

Füerlöscher

ildslukker

Unfall

uheld

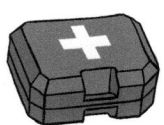

Noothölpkoffer

førstehjælps-kuffert

SOS

SOS

Polizei

politi

Europa

Europa

Noordamerika

Nordamerika

Süüdamerika

Sydamerika

Afrika

Afrika

Asien

Asien

Australien

Australien

Atlantik

Atlanterhavet

Pazifik

Stillehavet

Indisch Weltmeer

Indiske Ocean

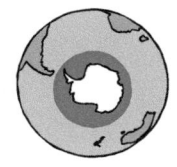

Antarktisch Weltmeer

Sydlige Ishav

Arktisch Weltmeer

Ishav

Noordpol

Nordpol

Süüdpol

Sydpol

Antarktis

Antarktis

Eerd

Jorden

Land

land

See

hav

Eiland

ø

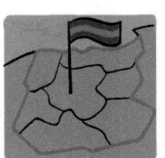

Natschoon

nation

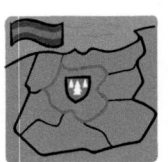

Staat

stat

Tallenblatt

urskive

Stunnenwieser

timeviser

Minutenwieser

minutviser

Sekunnenwieser

sekundviser

Wo laat is dat?

Hvad er klokken?

Dag

dag

Tiet

tid

nu

nu

digetaalsch Klock

digitalur

Minuut

minut

Stunn

time

Week

uge

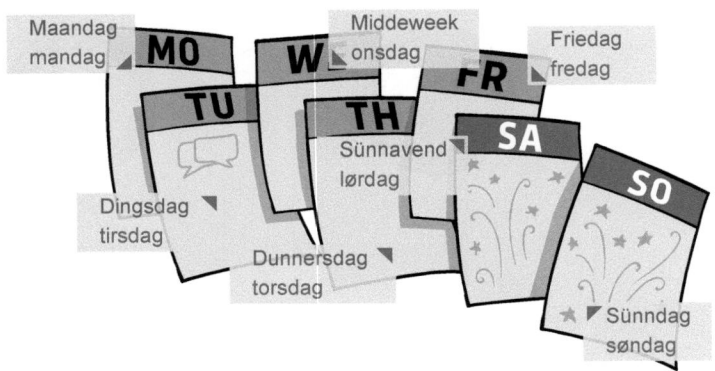

Maandag / mandag
MO

Middeweek / onsdag
W

Friedag / fredag
FR

TU

Dingsdag / tirsdag

TH
Sünnavend / lørdag

SA

Dunnersdag / torsdag

SO

Sünndag / søndag

güstern
i går

hüüt
i dag

morgen
i morgen

Morgen
morgen

Meddag
middag

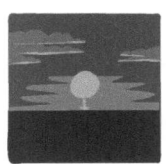

Avend
aften

MO	TU	WE	TH	FR	SA	SU
1	2	3	4	5	6	7
8	9	10	11	12	13	14
15	16	17	18	19	20	21
22	23	24	25	26	27	28
29	30	31	1	2	3	4

Arbeitsdaag
arbejdsdage

MO	TU	WE	TH	FR	SA	SU
1	2	3	4	5	6	7
8	9	10	11	12	13	14
15	16	17	18	19	20	21
22	23	24	25	26	27	28
29	30	31	1	2	3	4

Wekenenn
weekend

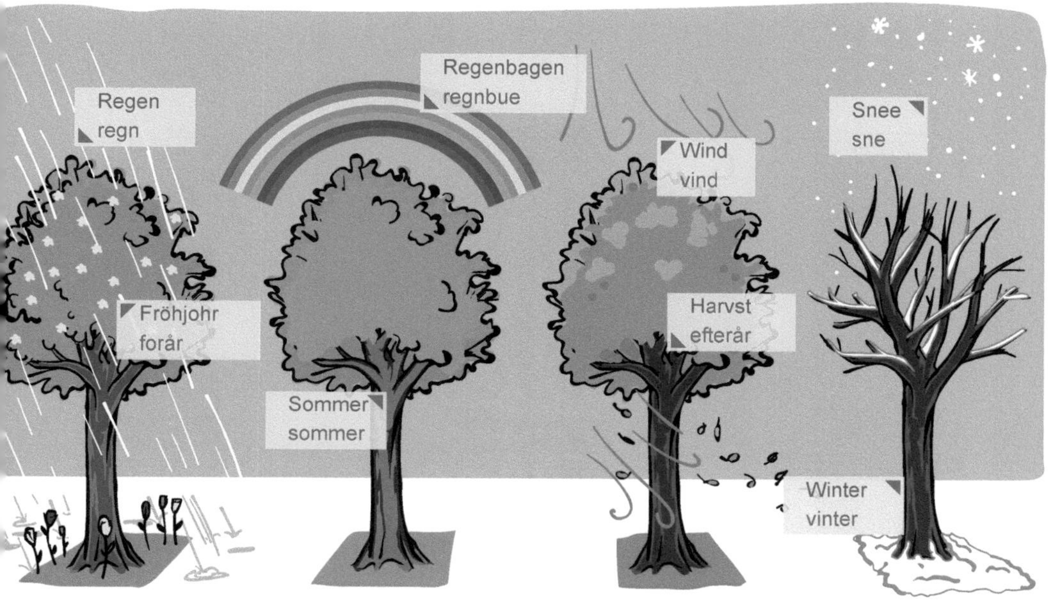

Regen
regn
Regenbagen
regnbue
Snee
sne
Wind
vind
Fröhjohr
forår
Harvst
efterår
Sommer
sommer
Winter
vinter

4.APRIL 11°
5.APRIL 4°
6.APRIL 13°
7.APRIL 8°
8.APRIL 10°

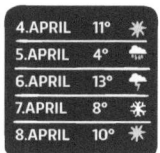

Wedervörhersaag

vejrudsigt

F C
120 40
90 30
60 20
30 10
0 0
-30 -10
-20

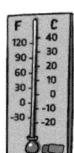

Thermometer

termometer

Sünnenschien

solskin

Wulk

sky

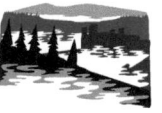

Nevel

tåge

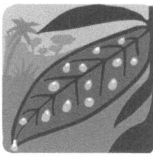

Luftfuchtigkeit

luftfugtighed

Blitz

lyn

Dunner

torden

Storm

storm

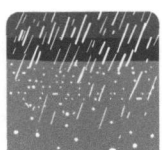

Hagel

hagl

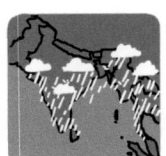

Monsun

monsun

Floot

flod

Ies

is

Januormaand

januar

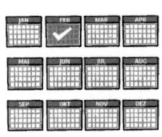

Februormaand

februar

Martmaand

marts

Aprilmaand

april

Maimaand

maj

Junimaand

juni

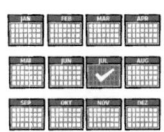

Julimaand

juli

Augustmaand

august

Septembermaand

september

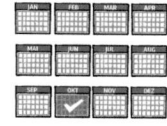

Oktobermaand

oktober

Novembermaand

november

Dezembermaand

december

Formen
former

Krink

cirkel

Quadrat

kvadrat

Rechteck

firkant

Dreeeck

trekant

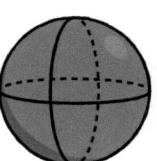

Kugel

kugle

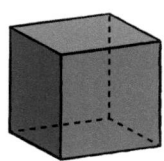

Wörpel

terning

witt

hvid

geel

gul

orangsch

orange

pink

pink

root

rød

lila

lilla

blau

blå

gröön

grøn

bruun

brun

gries

grå

swart

sort

veel / wenig

meget / lidt

böös / verdreeglich

rasende / fredelig

smuck / mies

smuk / grim

Begünn / Enn

begyndelse / slut

groot / lütt

stor / lille

hell / düüster

lys / mørk

Broder / Süster

bror / søster

schier / schietig

ren / snavset

kumpleet / nich kumpleet

fuldkommen / ufuldkommen

Dag / Nacht

dag / nat

doot / lebennig

død / levende

breet / small

bred / smal

geneetbor / nich geneetbor

spiselig / uspiselig

böös / fründlich

vred / venlig

fickerig / langwielt

ophidset / kedet

dick / dünn

tyk / tynd

toeerst / toletzt

først / sidst

Fründ / Fiend

ven / fjende

vull / leddig

fuld / tom

hart / week

hård / blød

swoor / licht

tung / let

Smacht / Döst

sult / tørst

krank / gesund

syg / rask

nich na't Recht / na't Recht

illegal / legal

klook / dummerhaftig

intelligent / dum

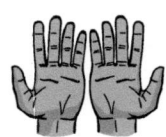

linkerhand / rechterhand

venstre / højre

neeg / feern

nær / fjern

nieg / bruukt

ny / brugt

nix / wat

intet / noget

oolt / jung

gammel / ung

an / ut

tændt / slukket

apen / slaten

åben / lukket

lies / luut

stille / højt

riek / arm

rig / fattig

richtig / verkehrt

rigtig / forkert

ruug / glatt

ru / glat

trurig / glücklich

ked af det / lykkelig

kort / lang

kort / lang

suutje / flink

langsom / hurtig

natt / dröög

våd / tør

warm / köhl

varm / kold

Krieg / Freden

krig / fred

0

null

nul

1

een

en

2

twee

to

3

dree

tre

4

veer

fire

5

fief

fem

6

söss

seks

7

söven

syv

8

acht

otte

9

negen

ni

10

teihn

ti

11

ölven

elleve

12	**13**	**14**
twölf	dörteihn	veerteihn
tolv	tretten	fjorten

15	**16**	**17**
föffteihn	sössteihn	söventeihn
femten	seksten	sytten

18	**19**	**20**
achtteihn	negenteihn	twintig
atten	nitten	tyve

100	**1.000**	**1.000.000**
hunnert	dusend	million
hundrede	tusinde	million

Spraken
sprog

Engelsch

engelsk

Amerikaansch Engelsch

amerikansk engelsk

Chineesch Mandarin

kinesisk mandarin

Hindi

hindi

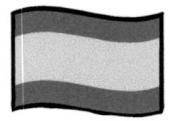

Spaansch

spansk

Franzöösch

fransk

Araabsch

arabisk

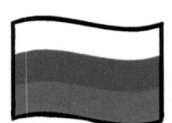

Rusch

russisk

Portugiesch

portugisisk

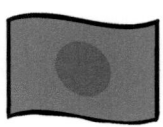

Bengaalsch

bengalsk

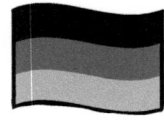

Düütsch

tysk

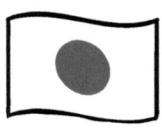

Japaansch

japansk

ik

jeg

du

du

he / se / dat

han / hun / den / det

wi

vi

ji

I

se

de

keen?

hvem?

wat?

hvad?

woans?

hvordan?

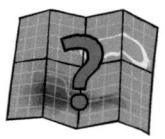

woneem?

hvor?

wannehr?

hvornår?

Naam

navn

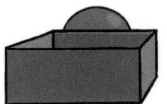

achter

bag

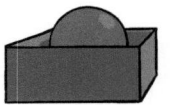

in

i

vör

foran

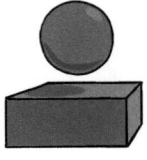

över

over

op

på

ünner

under

blangen

ved siden af

twüschen

imellem

Oort

sted